gato

cat

coelho

rabbit

cão

dog

pintainho

chick

pato

duck

ovelha

sheep

cabra
goat

porco

pig

burro

donkey

cavalo

horse

vaca

cow

rato

mouse

morcego

bat

abelha

bee

aranha

spider

raposa

fox

veado

deer

esquilo

squirrel

porco-espinho

hedgehog

coruja

owl

sapo

frog

cobra
snake

guaxinim

racoon

papagaio

parrot

tucano

toucan

jacaré

alligator

tartaruga marinha

sea turtle

flamingo

flamingo

pinguim

penguin

caranguejo

crab

medusa

jellyfish

foca

seal

tubarão

shark

baleia

whale

orca

orca

estrela do mar
starfish

rinoceronte

rhinoceros

panda

panda

macaco

monkey

leão

lion

tigre

tiger

elefante

elephant